Wir entdecken Nordeuropa

1 2 3

Erdkunde

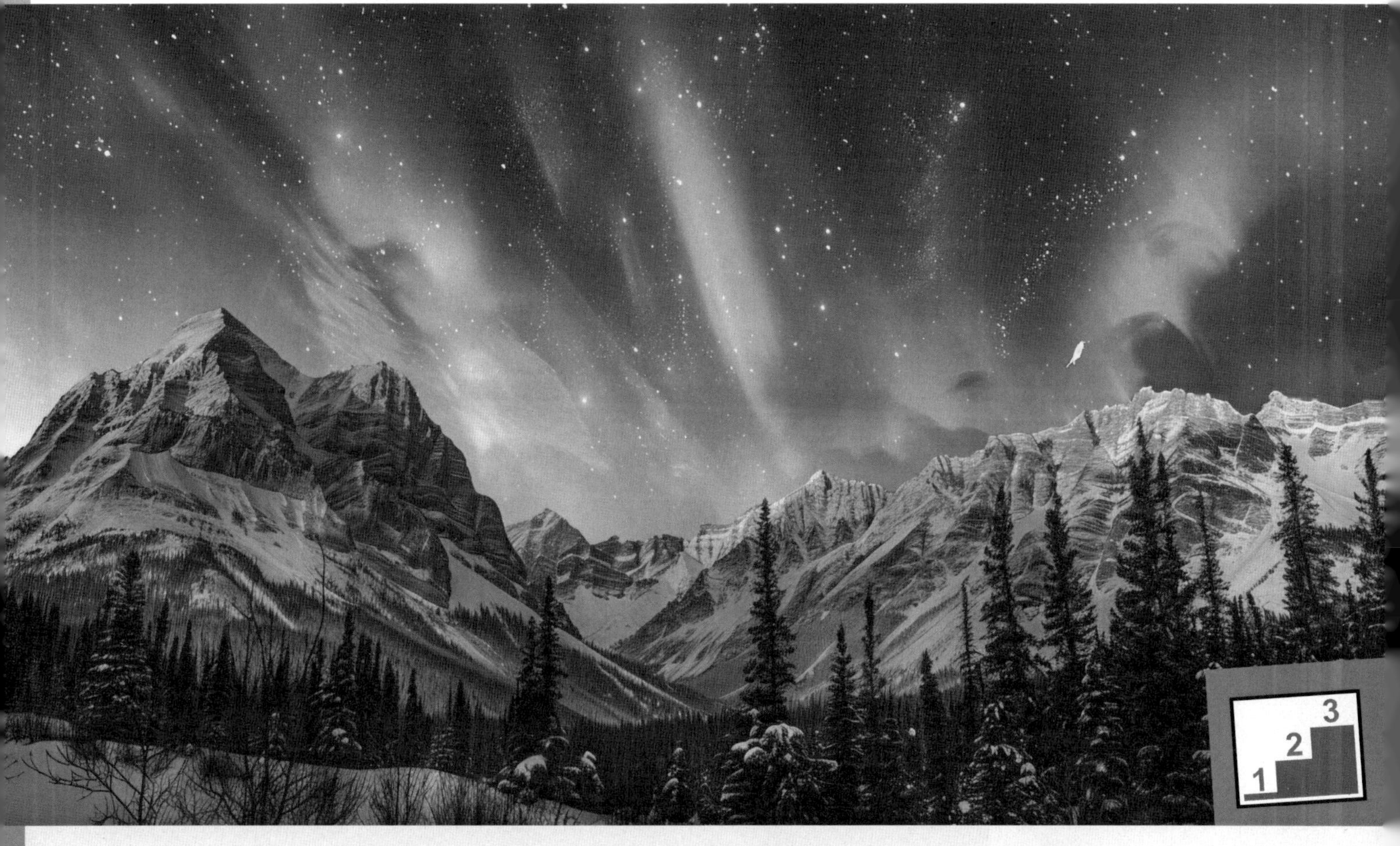

www.kohlverlag.de

Wir entdecken Nordeuropa

1. Auflage 2024

Inhalt: Maika Schmidt
Coverbild: © proslgn – AdobeStock.com
Redaktion: Kohl-Verlag
Grafik & Satz: Kohl-Verlag
Druck: Druckerei Flock, Köln

Bestell-Nr. 13 124

ISBN: 978-3-98841-192-1

Bildquellen – © AdobeStock.com:
S. 2: © Africa Studio; S. 4: © Inna, vvushakovv, Nico Ladewig, pyty, enterlinedesign, Mateusz, Kooh Studio; S. 5: © Inna, Editorial_Use_Only, vvushakovv, Nico Ladewig, pyty, enterlinedesign, Mateusz, Kooh Studio; S. 6: © AlesiaKan, pyty, Mateusz; S. 7: © Natallia_Chatkova, Julia, pyty, TarikVision, He2, Mateusz; S. 8: © visualpower, liukovmaksym, pyty, Gianpiero, He2, Mateusz; S. 9: © visualpower, pyty, Gianpiero, Mateusz; S. 10: © Ellie Nator, daboost, tanarch, Gumbart, Mateusz; S. 11: © WildMedia, AVTG, mahey, daboost, Mateusz; S. 12: © Transparent PNG, Mateusz; S. 13: © daboost, Maryna, pyty, Dalia; S. 14: © fotoru, daboost, Parilov, www tierfilmer info, pyty, Dalia; S. 15: © www tierfilmer info, pyty, Dalia; S. 16: © Veniamin, Simon Dannhauer, pyty, iuneWind, Dalia; S. 17: © Simon Dannhauer, pyty, iuneWind, Dalia; S. 18: © Veniamin, pyty, Dalia; S. 19: © ilhamnfs, Kamil_k2p, Dalia; S. 20: © ARTBRUSH, ilhamnfs, Dalia; S. 21: © ARTBRUSH, Dalia; S. 22: © martialred, daboost, Elena Pimukova, MicroOne, Mateusz; S. 23: © martialred, daboost, Elena Pimukova, MicroOne, Mateusz; S. 24: © Aleh Varanishcha, Save Jungleai, Mateusz; S. 25: zimnevan, Gebbi Mur, ilhamnfs; S. 26: © andrzej_67, Voyagerix, Iryna, Gebbi Mur, ilhamnfs; S. 27: © Voyagerix, Iryna, Gebbi Mur; S. 28: © sushytska, daboost, pyty, Mateusz; S. 29: © AdobeStock_393854172_ Jarretera, daboost, sushytska, pyty, Mateusz; S. 30: © pyty, Mateusz; S. 31: © David Angkawijaya, Aliaksei, Aleh Varanishcha, zimnevan, Veniamin, fotoru, WildMedia, visualpower, AlesiaKan; S. 32: © photoraidz; S. 33: © Iryna, sushytska, Save Jungleai, Simon Dannhauer, Kamil_k2p, Parilov, AVTG, Gianpiero; S. 34: © photoraidz; S. 35: © daboost, ilhamnfs, iuneWind, He2, Kooh Studio; S. 36: © photoraidz;

Inhalt

Vorwort

Liebe Kolleginnen und Kollegen,

Alle Schüler haben das gleiche Recht auf Bildung, ungeachtet ihrer Stärken und Schwächen. Das gehört zu den Kernanliegen der Inklusion und den Zielen der UN-Behindertenrechtskonvention, die seit 2009 in Deutschland gilt. Doch die Umsetzung der Inklusion fällt oft nicht leicht bzw. viele Lehrkräfte fühlen sich damit überfordert.

Passende Lehrmaterialien sind unter anderem eine entscheidende Voraussetzung für eine gelungene Inklusion bzw. um erfolgreich in der Schule lernen und lehren zu können. Mit unseren Arbeitsmaterialien möchten wir den Lehrkräften beim Beibringen des Lernstoffs für Inklusionskinder Hilfe leisten.

Die Materialien und Aufgaben dieses Heftes wurden so zusammengestellt, dass auch für Inklusionskinder ein intensives Üben des jeweiligen Themas möglich ist und so Lernziele erreicht werden können. Jedes Kind mit seinen besonderen Bedürfnissen bekommt einen Einblick in das Thema. Dabei wird folgendes Unterrichtskonzept eingehalten: Jedes Thema ist in drei Niveaustufen aufbereitet. Die Ampel deutet die Niveaustufen an: von 1 (grundlegendes Niveau) bis 3 (inhaltlich selbst erfassendes Niveau). Alle Kinder erarbeiten das gleiche Thema, jeder entsprechend seinem eigenen Niveau bzw. Leistungen.

Viel Erfolg beim Einsatz unserer Kopiervorlagen im Unterricht wünschen Ihnen das Redaktionsteam des Kohl-Verlages und

Maika Schmidt

Name: ______________________________

Klasse: ______________________________

Belarus

Aufgabe 1: Male die Flagge von Belarus mit den richtigen Farben aus. Das linke Bild hilft dir.

Aufgabe 2: Belarus produziert große Fahrzeuge wie Laster, Abschlepper von Fliegern und andere. Der größte und schwerste LKW für den Bergbau gehört auch dazu. Verbinde hier immer zwei gleiche Fahrzeuge. Male sie farbig an.

Name: ______________________________

Klasse: ______________________________

2

Belarus

Aufgabe 1: Male die Flagge von Belarus mit den richtigen Farben aus. Das linke Bild hilft dir.

Aufgabe 2: Was gehört zusammen? Verbinde die passenden Texte und Bilder.

In Belarus baut man große und starke Fahrzeuge: LKWs, Beton-Fahrmischer und Flugzeugschlepper.

Einer der stärksten LKWs der Welt wird in Belarus hergestellt. Er ist so groß wie ein Haus: 20 m lang und 8 m hoch. Ein Rad ist höher als ein Auto.

Man sieht den gigantischen LKW nicht auf der Straße. Man braucht ihn zum Beispiel, für den Abbau von Kohle.

WIR ENTDECKEN NORDEUROPA
... aus der Reihe: Inklusion KONKRET – Bestell-Nr. 13 124

Name: ______________________________

Klasse: ______________________________

Belarus

Aufgabe 1: Male die Flagge von Belarus mit den richtigen Farben aus.
Male dazu von oben nach unten:
rot – grün

Aufgabe 2: Fülle die Lücken mit den passenden Wörtern aus dem grauen Kasten unten.

In den belarussischen Werken baut man verschiedene ______________________ für Landwirtschaft und Industrie. Es sind Traktoren, LKWs, Beton-Fahrmischer, Radlader und andere. Auch den BELAZ, einen der stärksten LKWs der Welt, stellt man in ______________________ her.

Er kann 450 Tonnen zuladen und ist groß wie ein Haus. Sein Rad ist höher als ein ______________________. So ein starkes Fahrzeug braucht man zum Beispiel beim Abbau von ______________________.

Auto – Kohle – Belarus – Fahrzeuge

Name: ______________________________

Klasse: ______________________________

1

Dänemark

Aufgabe 1: Male die Flagge von Dänemark mit den richtigen Farben aus. Das linke Bild hilft dir.

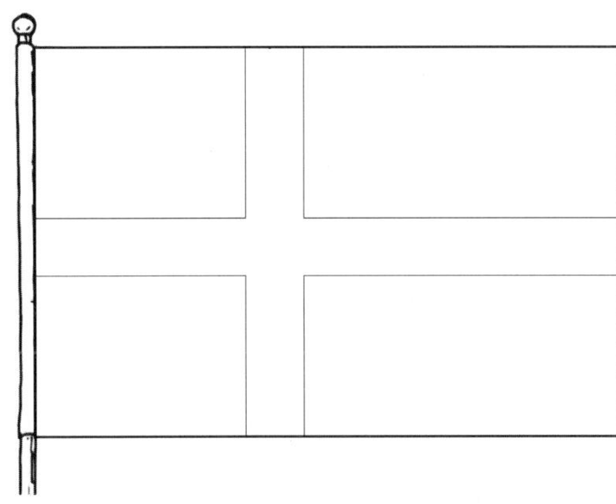

Aufgabe 2: Dänemark war das Heimatland von Hans Christian Andersen. Er schrieb Märchen, die fast jeder kennt. Ordne Bilder und Titel richtig zu. Verbinde sie mit einer Linie.

Das hässliche Entlein

Die Prinzessin auf der Erbse

Die kleine Meerjungfrau

WIR ENTDECKEN NORDEUROPA
... aus der Reihe: Inklusion KONKRET – Bestell-Nr. 13 124
KOHL VERLAG

Name: ______________________

Klasse: ______________________

Dänemark

Aufgabe 1: Male die Flagge von Dänemark mit den richtigen Farben aus. Das linke Bild hilft dir.

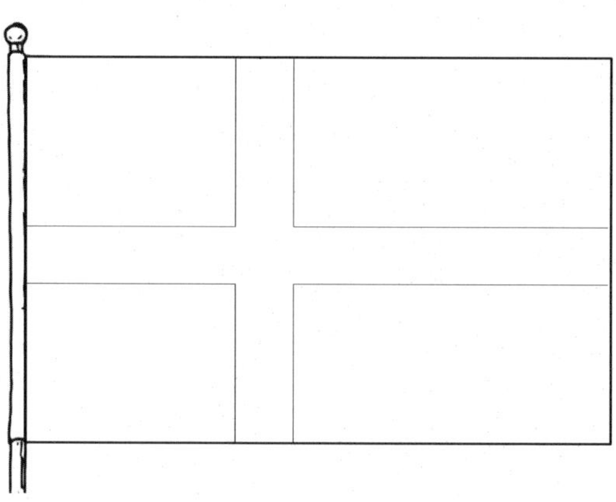

Aufgabe 2: Ordne die Texte den Bildern richtig zu. Verbinde sie mit einer Linie.

Dänemark war das Heimatland von Hans Christian Andersen. Seine Märchen liebt man in der ganzen Welt.

Hans Christian Andersen lebte in der Stadt Odense. Seine Eltern waren arm. Das Haus, in dem die Familie lebte, steht immer noch in Odense.

Heute trägt eine Straße in Odense den Namen von Hans Christian Andersen. Man findet hier Skulpturen und Figuren aus seinen Märchen.

Name: ______________________________

Klasse: ______________________________

Dänemark

Aufgabe 1: Male die Flagge von Dänemark mit den richtigen Farben aus. Male dazu alle Felder rot an. Das Kreuz bleibt weiß.

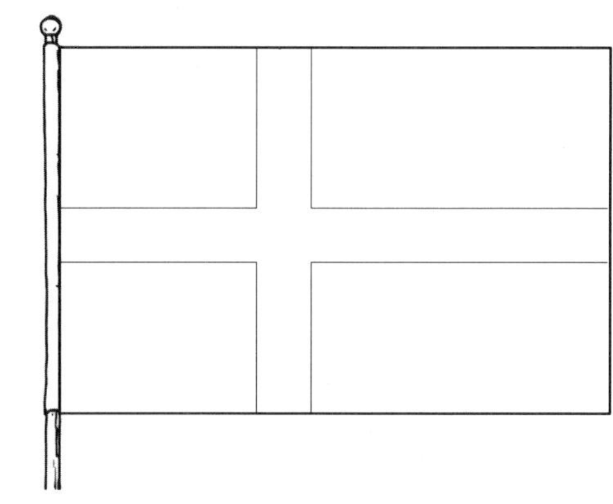

Aufgabe 2: Fülle die Lücken mit den passenden Wörtern aus dem grauen Kasten unten.

Dänemark war das Heimatland von Hans Christian Andersen. Seine ______________________ sind beliebt in der ganzen Welt: „Prinzessin auf der Erbse", „Das hässliche ______________________", „Schneekönigin" und viele andere.

Als Kind lebte Hans Christian in der Stadt Odense und seine ______________________ waren arm. Das kleine Haus der Familie steht immer noch da. Heute trägt eine Straße in Odense den Namen von Hans Christian ______________________.

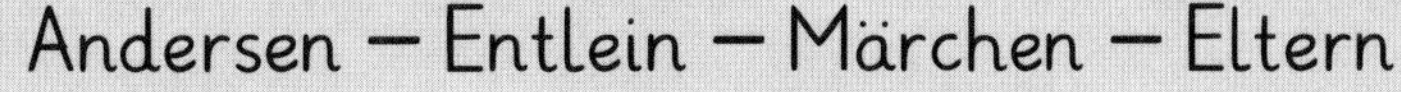

WIR ENTDECKEN NORDEUROPA
... aus der Reihe: Inklusion KONKRET – Bestell-Nr. 13 124
KOHL VERLAG

Name: ______________________________

Klasse: ______________________________

Estland

Aufgabe 1: Male die Flagge von Estland mit den richtigen Farben aus. Das linke Bild hilft dir.

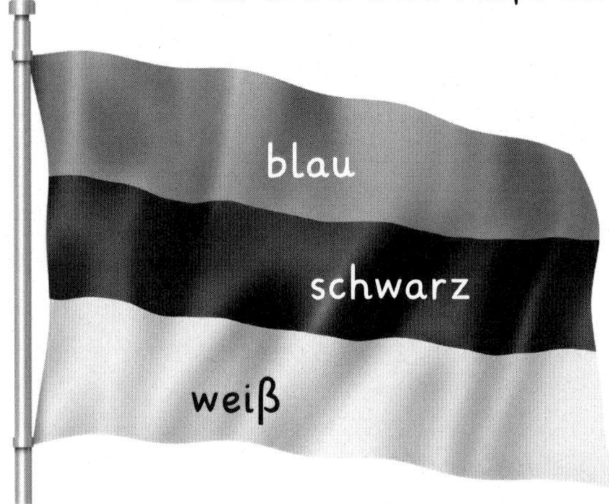

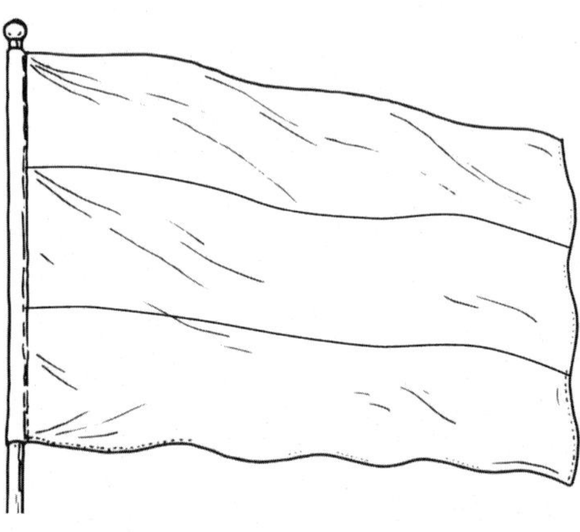

Aufgabe 2: Etwa die Hälfte von Estland ist mit Wald bedeckt. Am häufigsten wachsen hier Kiefern und Birken. Male die Zapfen braun und die Blätter grün an.

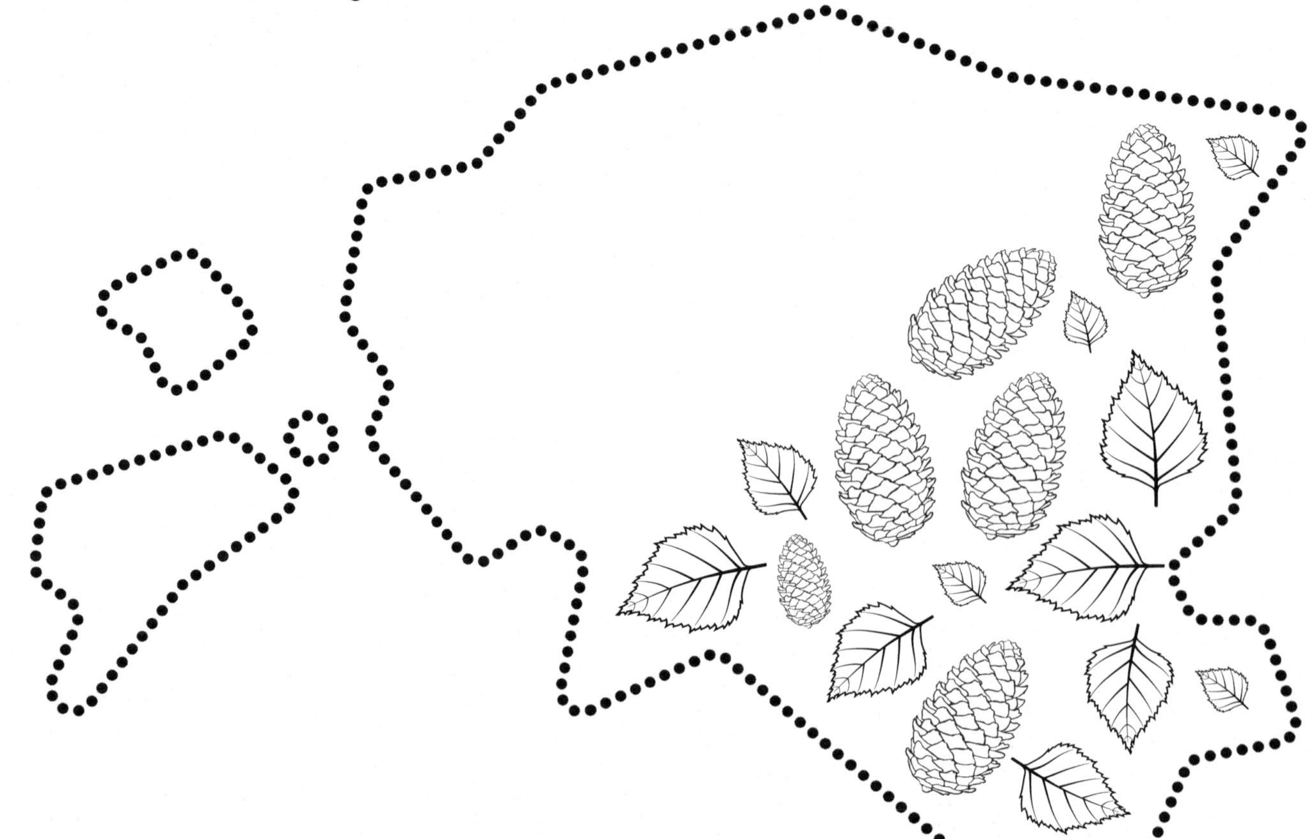

Name: ______________________________

Klasse: ______________________________

Estland

Aufgabe 1: Male die Flagge von Estland mit den richtigen Farben aus. Das linke Bild hilft dir.

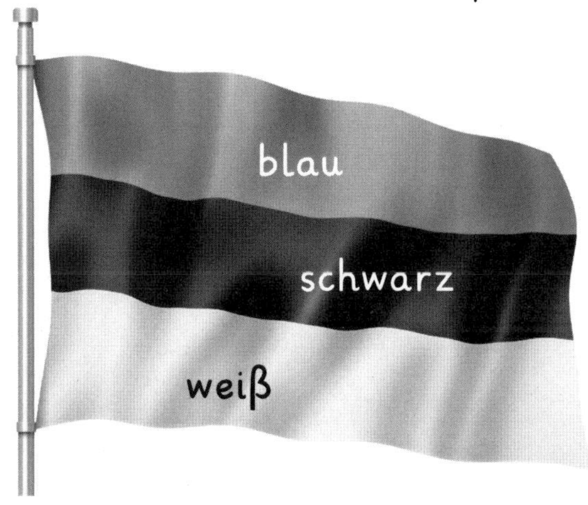

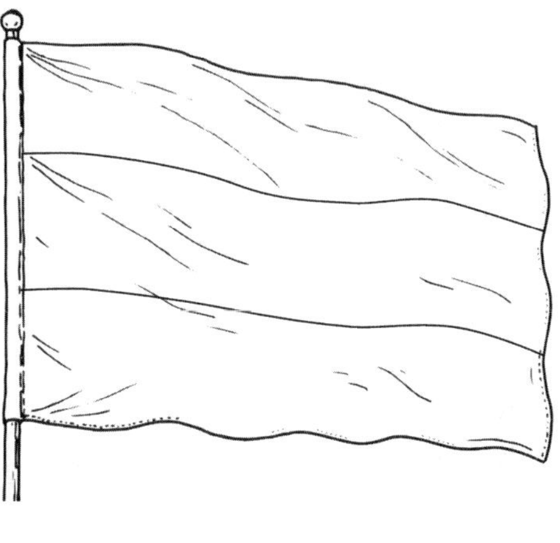

Aufgabe 2: Verbinde die Bilder mit den passenden Sätzen.

In den großen Wäldern Estlands fühlen sich wilde Tiere wohl: Hasen, Füchse, Wölfe, Rehe, Braunbären und andere.

Etwa die Hälfte Estlands ist mit Wald bedeckt.

Der Boden in Estland ist flach bis leicht hügelig. Es gibt hier viele Seen und auch Moorgebiete.

WIR ENTDECKEN NORDEUROPA
... aus der Reihe: Inklusion KONKRET – Bestell-Nr. 13 124
KOHL VERLAG

Name: ______________________________

Klasse: ______________________________

Estland

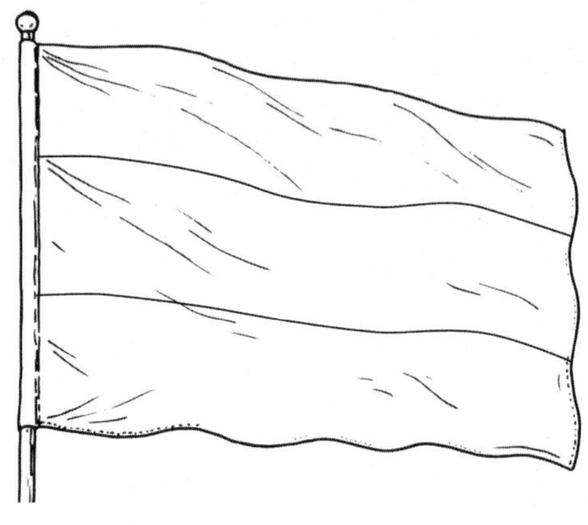

Aufgabe 1: Male die Flagge von Estland mit den richtigen Farben aus.
Male dazu von oben nach unten:
blau – schwarz – weiß

Aufgabe 2: Lies den Text. Kreuze unten an, was richtig ist.

Estland liegt im Osten an der Ostsee. Das Klima hier ist etwas kühl. Es gibt hier keine Berge, fast das ganze Land ist flach. Die Hälfte Estlands ist mit Wald bedeckt. In den großen Wäldern leben viele Tiere: Hasen, Füchse, Wölfe, Rehe, Braunbären und andere. Mehrere Seen und Moorgebiete gehören auch zum Landschaftbild von Estland.

	ja	nein
Estland liegt an der Ostsee.		
Estland ist ein heißes Land.		
In Estland gibt es viele hohe Berge.		
In Wäldern Estlands leben nur kleine Tiere.		

Name: ______________________________

Klasse: ______________________________

Finnland

Aufgabe 1: Male die Flagge von Finnland mit den richtigen Farben aus. Das linke Bild hilft dir.

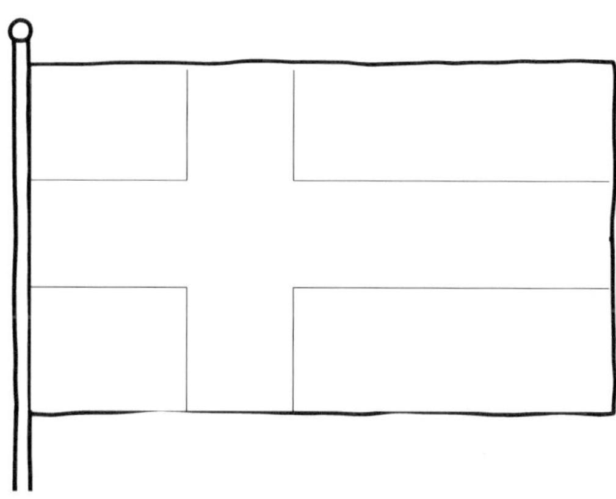

Aufgabe 2: Im Winter sieht man am Himmel Finnlands schöne Nordlichter. Meistens sind sie grün, blau oder rot. Male die Streifen der Nordlichter in diesen Farben an.

WIR ENTDECKEN NORDEUROPA
... aus der Reihe: Inklusion KONKRET – Bestell-Nr. 13 124
KOHL VERLAG

Name: ______________________

Klasse: ______________________

Finnland

Aufgabe 1: Male die Flagge von Finnland mit den richtigen Farben aus. Das linke Bild hilft dir.

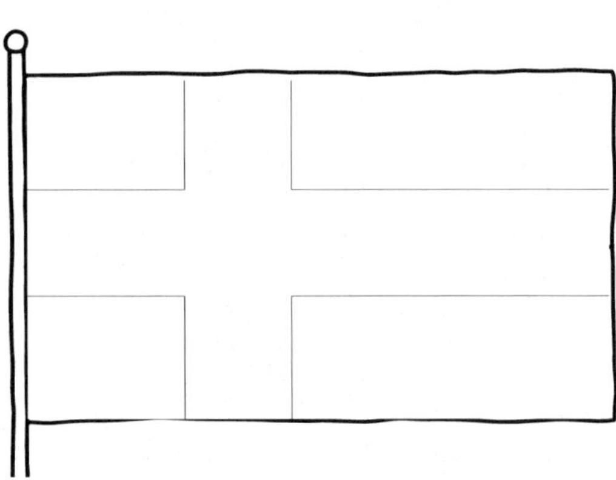

Aufgabe 2: Verbinde die Sätze mit den passenden Bildern.

Im Herbst und Winter kommen viele Menschen nach Finnland, um Polarlichter zu beobachten.

Man nennt Finnland „Das Land der Tausend Seen". Es gibt über 100.000 Seen in Finnland.

Das Gebiet im Norden Finnlands heißt Lappland. Die Winter hier sind kalt und schneereich. Einen Ort in Lappland nennt man das „Dorf des Weihnachtsmanns".

Name: ___________________________

Klasse: ___________________________

Finnland

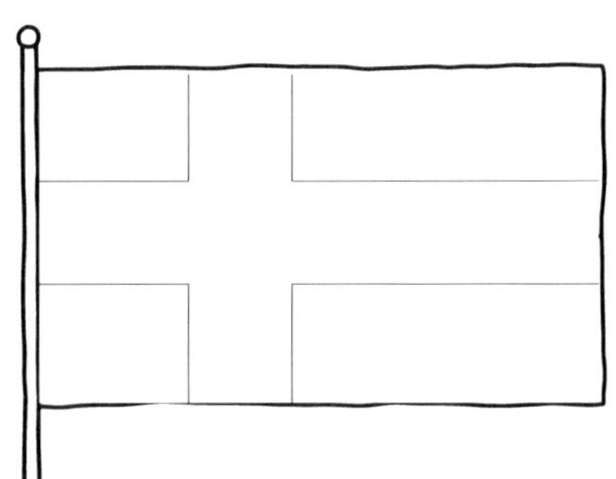

Aufgabe 1: Male die Flagge von Finnland mit den richtigen Farben aus. Male das Kreuz blau an. Der Rest bleibt weiß.

Aufgabe 2: Lies den Text und fülle die Lücken mit den passenden Wörtern aus dem grauen Kasten unten.

Man nennt Finnland „Das Land der Tausend ____________________".
Es gibt über 100.000 Seen in Finnland. Das Gebiet im Norden Finnlands heißt Lappland. Winter in ____________________ sind kalt und schneereich. Das Dorf Rovaniemi gilt als Wohnort des Weihnachtsmanns. Im Winter kannst du in Finnland bunte Nordlichter am Himmel bewundern: grün, rot und ____________________.

blau – Lappland – Seen

WIR ENTDECKEN NORDEUROPA
... aus der Reihe: Inklusion KONKRET – Bestell-Nr. 13 124
KOHL VERLAG

Name: ________________________________

Klasse: ________________________________

Island

Aufgabe 1: Male die Flagge von Island mit den richtigen Farben aus. Das linke Bild hilft dir.

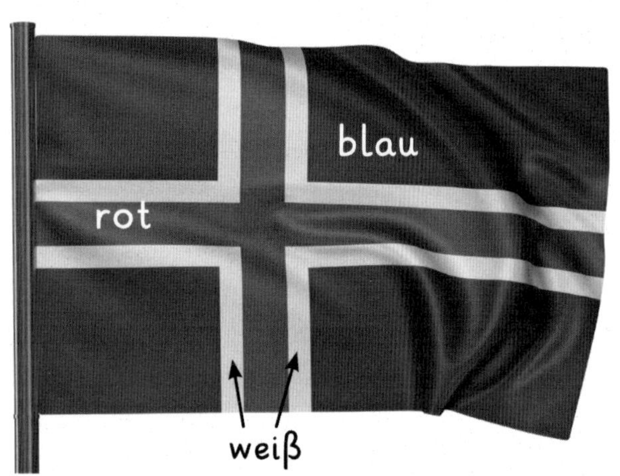

Aufgabe 2: Island ist für seine Vulkane, Geysire und Fischfang bekannt. Schneide die Wörter aus und klebe sie ins freie Feld richtig ein.

ein Vulkan auf Island	ein Geysir auf Island

KOHL VERLAG Lernen mit Erfolg
WIR ENTDECKEN NORDEUROPA

Name: ______________________

Klasse: ______________________

Island

Aufgabe 1: Male die Flagge von Island mit den richtigen Farben aus. Das linke Bild hilft dir.

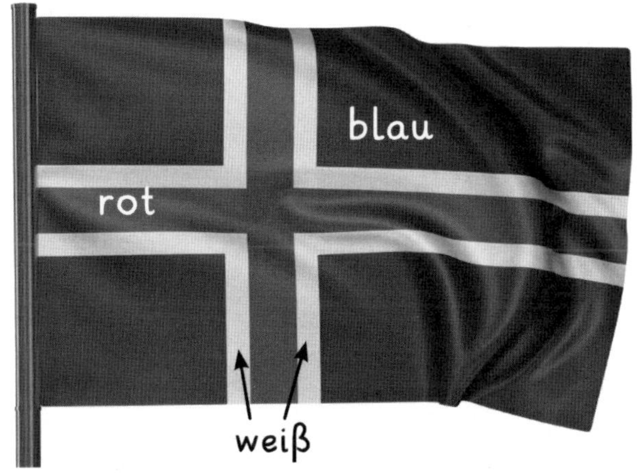

Aufgabe 2: Bei jedem Satz fehlt ein Wort. Schneide die Wörter aus und klebe sie passend ein.

Island hat viele Vulkane und ______.

Ein Geysir ist eine heiße ______ tief im Boden.

Aus der heißen Quelle spritzt das Wasser hoch in die ______.

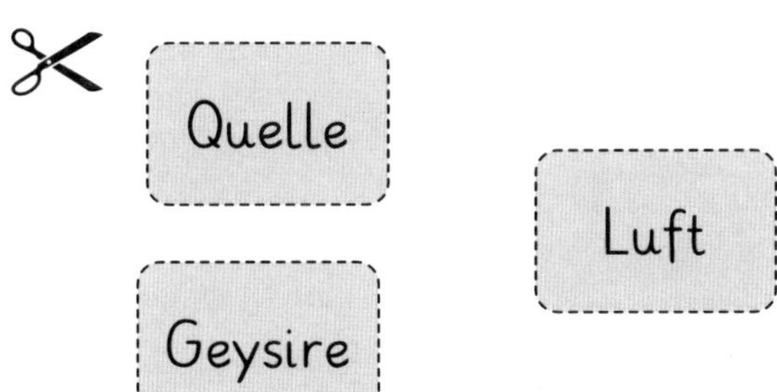

WIR ENTDECKEN NORDEUROPA
... aus der Reihe: Inklusion KONKRET – Bestell-Nr. 13 124
KOHL VERLAG

Name: ______________________________

Klasse: ______________________________

Island

Aufgabe 1: Male die Flagge von Island mit den richtigen Farben aus. Dazu malst du die Felder blau aus, das Kreuz innen rot mit weißem Rand.

Aufgabe 2: Lies den Text. Kreuze unten an, was richtig ist.

Island ist eine Insel zwischen dem Arktischen und dem Atlantischen Ozean. Hier liegt die Grenze zwischen zwei Kontinentalplatten. Darum hat Island viele Vulkane und Geysire. Geysir ist eine heiße Quelle im Boden. Aus der heißen Quelle schießt das Wasser hoch in die Luft. Der aktivste Geysir Islands ist Strokkur. Alle 10 Minuten spuckt er heißes Wasser und Dampf aus.

	ja	nein
Island liegt im Indischen Ozean.		
In Island gibt es einen Vulkan und einen Geysir.		
Ein Geysir ist eine heiße Quelle.		
Strokkur ist der aktivste Geysir Islands.		

Name: ____________________

Klasse: ____________________

Lettland

Aufgabe 1: Male die Flagge von Lettland mit den richtigen Farben aus. Das linke Bild hilft dir.

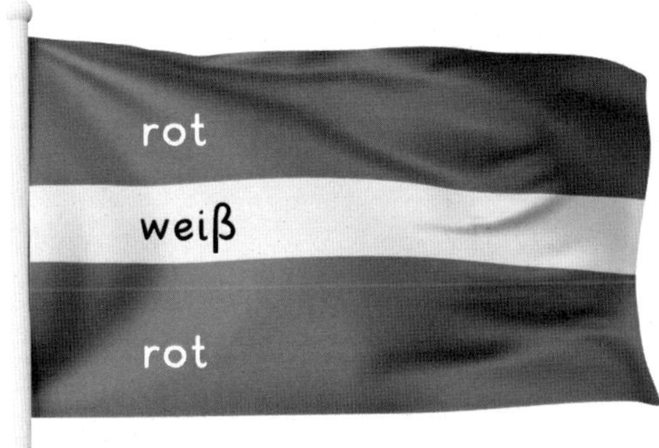

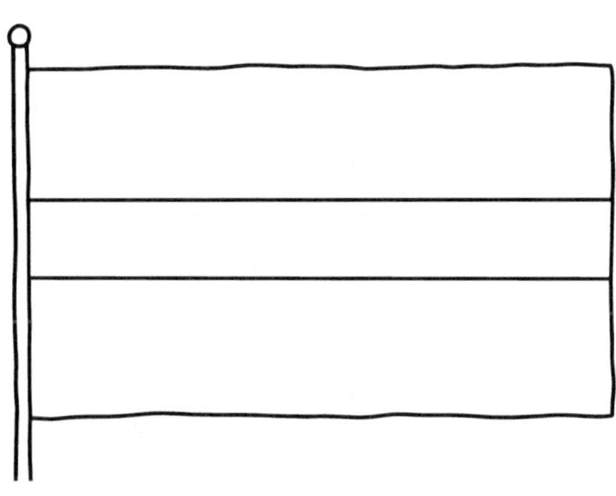

Aufgabe 2: Schneide die Wörter aus, bilde einen Satz und klebe sie in die leeren Felder ein.

an

Ostsee.

liegt

der

Lettland

WIR ENTDECKEN NORDEUROPA
... aus der Reihe: Inklusion KONKRET – Bestell-Nr. 13 124
KOHL VERLAG

Name: ______________________________

Klasse: ______________________________

2

Lettland

Aufgabe 1: Male die Flagge von Lettland mit den richtigen Farben aus. Das linke Bild hilft dir.

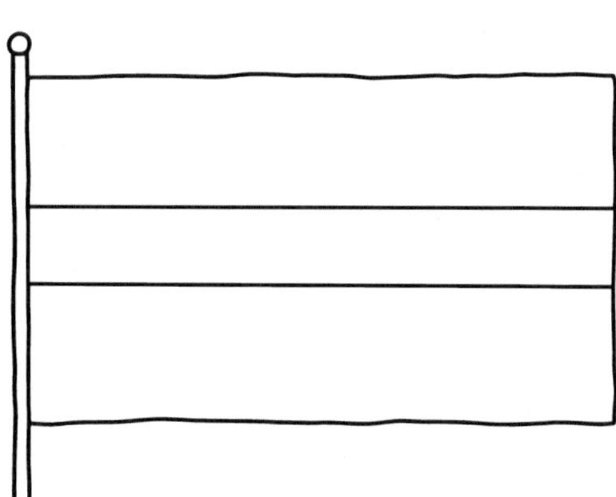

Aufgabe 2: Bei jedem Satz fehlt das Ende. Schneide die Satzenden aus und klebe sie passend ein.

Lettland gehört zu den

Es sind drei Länder an der Ostsee:

Meer, Strände, Wind und Sonne ziehen

Das Wasser in der Ostsee ist meist kalt,

Baltischen Ländern.

bis zu 19 Grad Celsius im Sommer.

Lettland, Estland und Litauen.

viele Touristen nach Lettland.

WIR ENTDECKEN NORDEUROPA aus der Reihe: Inklusion KONKRET – Bestell-Nr. 13 124
KOHL VERLAG

Name: ______________________________

Klasse: ______________________________

Lettland

Aufgabe 1: Male die Flagge von Lettland mit den richtigen Farben aus. Male dazu von oben nach unten:
rot – weiß – rot

Aufgabe 2: Fülle die Lücken mit den passenden Wörtern aus dem grauen Kasten unten.

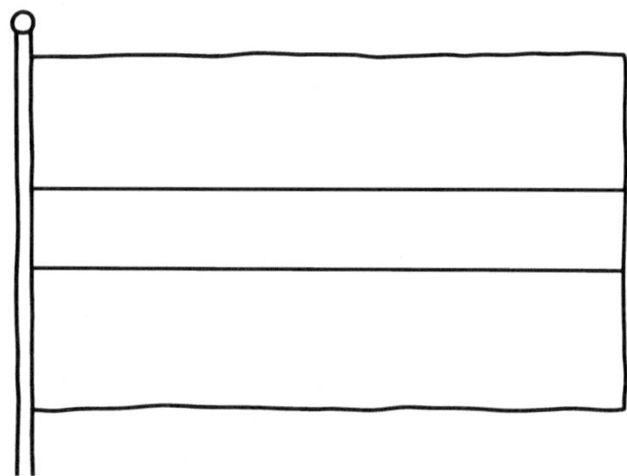

Lettland ist ein Land an der

______________________________.

Es gehört zu den Baltischen Ländern.

Als ______________________

Länder werden drei Länder an der Ostsee bezeichnet: Lettland, Estland und Litauen. Meer, Sandstrände, Wind und viel ______________________

ziehen Touristen nach Lettland. Das Wasser in der Ostsee ist meist ______________________, nicht mehr als 19 Grad Celsius auch im Sommer. Aber trotz kaltem Wasser kommen an windigen Tagen ______________________ hierher und reiten auf den Wellen.

Surfer – Sonne – kalt – Baltische – Ostsee

WIR ENTDECKEN NORDEUROPA ... aus der Reihe: Inklusion KONKRET – Bestell-Nr. 13 124
KOHL VERLAG

Name: ______________________________

Klasse: ______________________________

Litauen

Aufgabe 1: Male die Flagge von Litauen mit den richtigen Farben aus. Das linke Bild hilft dir.

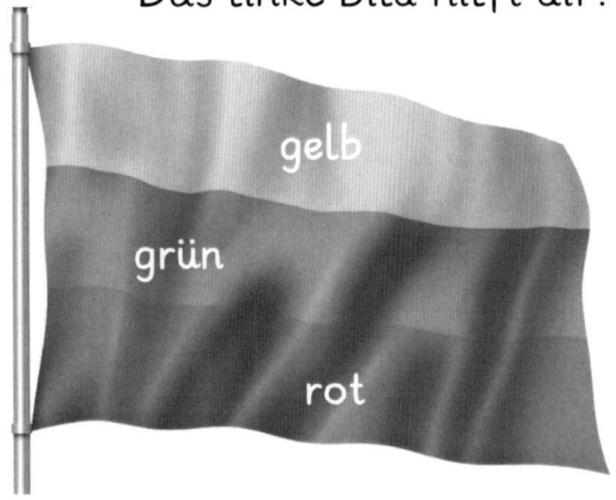

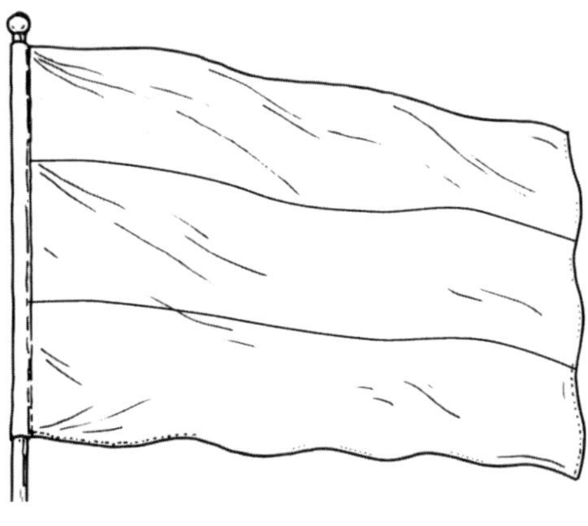

Aufgabe 2: Male die Flagge Litauens mit den passenden Symbolen. Die Farben stehen für:

Gelb für die Sonne  Grün für die Wälder  Rot für den Mut 

Lernen mit Erfolg
WIR ENTDECKEN NORDEUROPA

Name: ______________________________

Klasse: ______________________________

Litauen

Aufgabe 1: Male die Flagge von Litauen mit den richtigen Farben aus. Das linke Bild hilft dir.

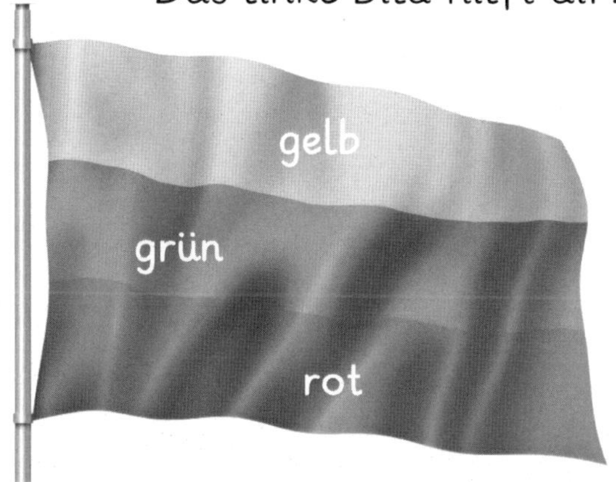

Aufgabe 2: Schneide die Streifen unten aus und klebe sie in der richtigen Reihenfolge in die Flagge ein.

Rot steht für den Mut und das für die Freiheit vergossene Blut litauischer Menschen.

Grün steht für die endlosen Wälder Litauens.

Gelb steht für die Sonne und die vielen Weizenfelder Litauens.

WIR ENTDECKEN NORDEUROPA
... aus der Reihe: Inklusion KONKRET – Bestell-Nr. 13 124

Name: ______________________________

Klasse: ______________________________

Litauen

Aufgabe 1: Male die Flagge von Litauen mit den richtigen Farben aus. Male dazu von oben nach unten:
gelb – grün – rot

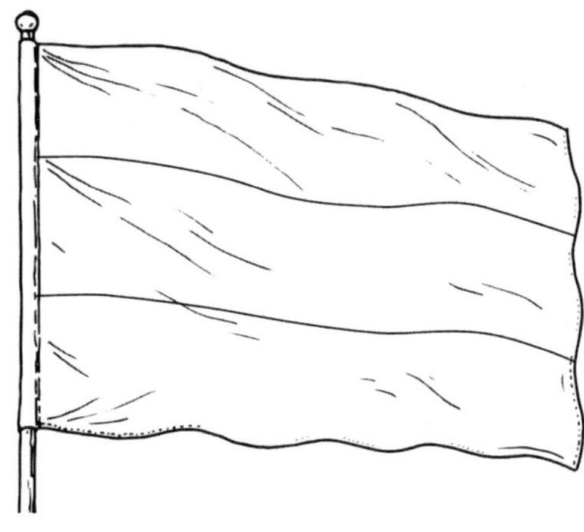

Aufgabe 2: Lies die Sätze und fülle die Lücken mit den passenden Wörtern aus dem grauen Kasten unten.

Die Farben der Flagge Litauens sind gelb, ______________________

und rot. Gelb ist ein Zeichen für die ______________________ und

die Weizenfelder. Grün bedeutet die endlosen ______________________.

Rot steht für den Mut und das für die Freiheit vergossene Blut.

Neben Wäldern und Feldern hat Litauen fast 3000 ______________________!

Mehrere Vogelarten und vor allem ______________________

leben in Litauen.

Störche – grün – Seen – Sonne – Wälder

WIR ENTDECKEN NORDEUROPA
KOHL VERLAG

Name: ______________________________

Klasse: ______________________________

Norwegen

Aufgabe 1: Male die Flagge von Norwegen mit den richtigen Farben aus. Das linke Bild hilft dir.

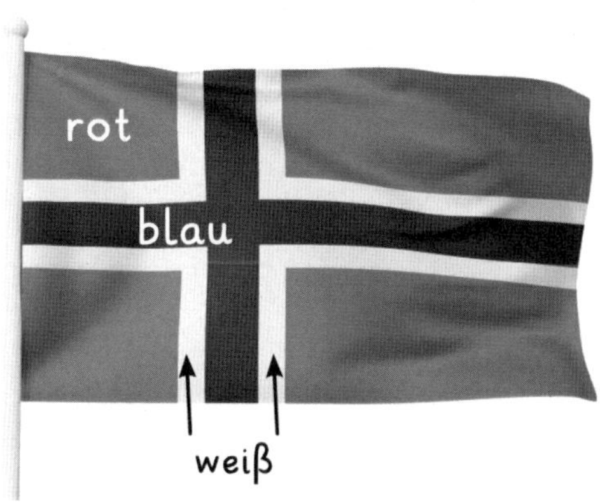

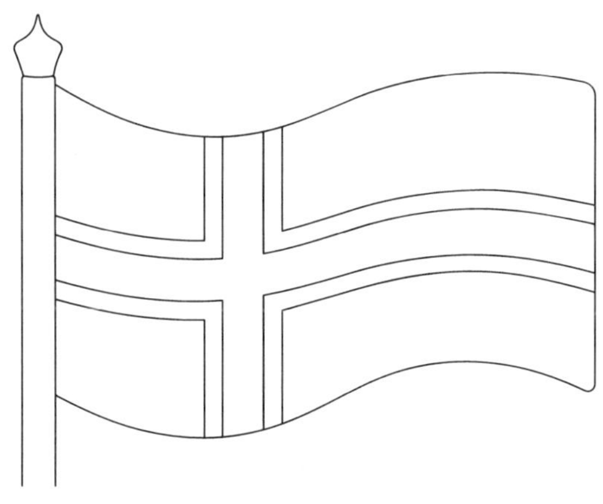

Aufgabe 2: Die Berge und die schmalen Meeresbuchten (Fjorden) Norwegens waren die Heimat der Wikinger. Von hier aus brachten sie ihre Schiffe auf abenteuerliche Fahrten. Schneide aus und puzzle zusammen.

WIR ENTDECKEN NORDEUROPA – Bestell-Nr. 13 124
... aus der Reihe: Inklusion KONKRET
KOHL VERLAG

Name: ______________________________

Klasse: ______________________________

Norwegen

Aufgabe 1: Male die Flagge von Norwegen mit den richtigen Farben aus. Das linke Bild hilft dir.

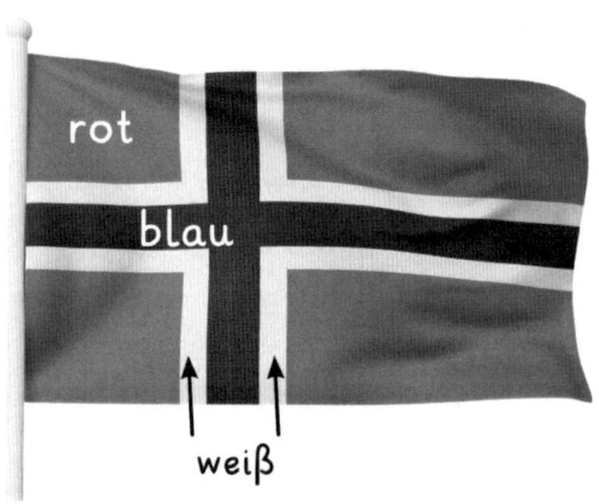

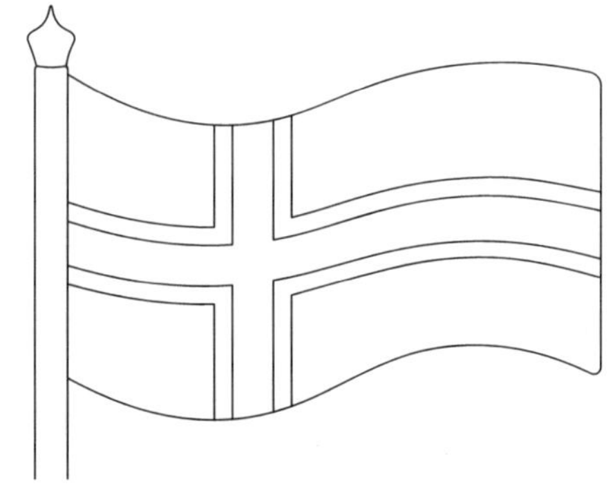

Aufgabe 2: Was gehört zusammen? Verbinde die passenden Texte und Bilder.

Von Norwegen aus brachen Wikinger zu ihren abenteuerlichen Schiffsreisen auf.

Hohe Felsen der Fjorde ziehen viele Touristen nach Norwegen.

Norwegen verdient viel Geld durch den Verkauf von Fisch aus seinen Meeren.

Name: ______________________________

Klasse: ______________________________

Norwegen

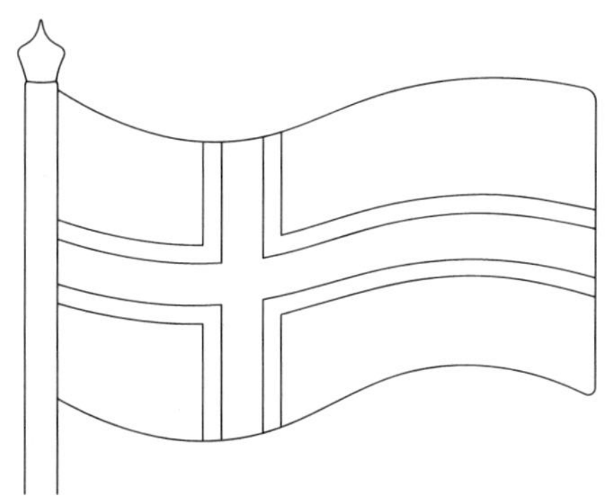

Aufgabe 1: Male die Flagge von Norwegen mit den richtigen Farben aus. Male dazu die Felder rot und das innere Kreuz blau, der Rest bleibt weiß.

Aufgabe 2: Lies den Text und setze die passenden Wörter aus dem grauen Kasten in die Lücken ein.

Für „die Wilden aus dem Norden", die Wikinger, war das heutige Norwegen ihr Heimatland. Hier, von den langen, engen Meeresbuchten aus brachen sie zu abenteuerlichen Schiffsreisen auf. Diese langen engen Meeresarme, namens Fjorde, sehen wie Flüsse aus. Steile hohe Felsen an den Ufern der Fjorde ziehen viele Touristen nach Norwegen. Die Norweger verkaufen viel Fisch aus ihren Meeren.

Norwegen war das Heimatland der ______________________.

Die langen engen Meeresbuchten heißen ______________________.

Die felsigen Ufer der Fjorde sind hoch und ______________________.

Die Norweger verkaufen viel Fisch aus ihren ______________________.

Fjorde – Wikinger – steil – Meeren

WIR ENTDECKEN NORDEUROPA … aus der Reihe: Inklusion KONKRET – Bestell-Nr. 13 124
KOHL VERLAG

Name: ______________________________

Klasse: ______________________________

Schweden

Aufgabe 1: Male die Flagge von Schweden mit den richtigen Farben aus. Das linke Bild hilft dir.

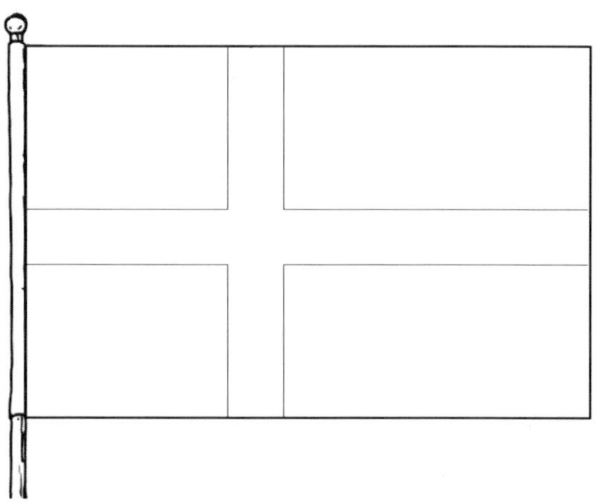

Aufgabe 2: Schweden war das Heimatland von Astrid Lindgren. Sie schrieb Kinderbücher. Ordne Bilder und Titel richtig zu. Verbinde sie mit einer Linie.

Michel aus Lönneberga

B

Pippi Langstrumpf

Ronja Räubertochter

Name: ______________________________

Klasse: ______________________________

Schweden

Aufgabe 1: Male die Flagge von Schweden mit den richtigen Farben aus. Das linke Bild hilft dir.

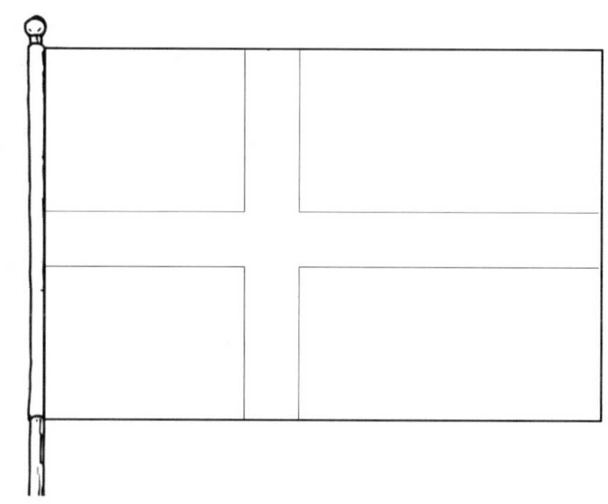

Aufgabe 2: Ordne die Texte den Bildern richtig zu. Verbinde sie mit einer Linie.

Astrid Lindgren schrieb Geschichten für Kinder. Ihre Bücher sind überall auf der Welt bekannt und beliebt. Sie wurden in mehr als 100 Sprachen übersetzt.

Astrid Lindgren verfasste die Geschichten von Pippi Langstrumpf für ihre Tochter Karin. Karin war damals krank. Ihre Mama wollte sie mit den Abenteuern von Pippi aufmuntern.

Astrid Lindgrens Heimat ist die Stadt Vimmerby in Schweden. Heute gibt es hier ein Erlebnispark mit Schauplätzen aus ihren Geschichten „Ronja Räubertochter", „Michel aus Lönneberga", „Pippi Langstrumpf" und anderen.

WIR ENTDECKEN NORDEUROPA
... aus der Reihe: Inklusion KONKRET – Bestell-Nr. 13 124
KOHL VERLAG

Name: ______________________________

Klasse: ______________________________

Schweden

Aufgabe 1: Male die Flagge von Schweden mit den richtigen Farben aus. Male dazu die Flächen **blau** und das Kreuz **gelb.**

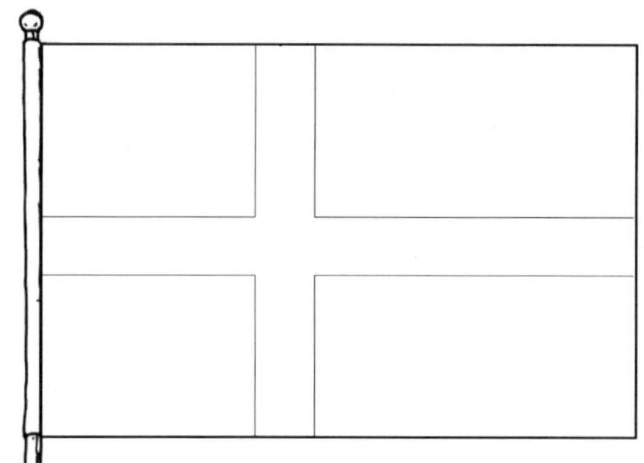

Aufgabe 2: Fülle die Lücken mit den passenden Wörtern aus dem grauen Kasten unten.

Die wohl bekannteste Frau Schwedens ist Astrid Lindgren. Sie wurde 1907

in der ______________ Vimmerby geboren. Ihre Geschichten von Pippi Langstrumpf verfasste Astrid ______________ anfangs für ihre Tochter Karin. Sie war damals krank und ihre Mutter wollte sie mit den lustigen Geschichten aufmuntern. Später schrieb Astrid noch andere Erzählungen, die man heute auf der ganzen ______________ kennt. In mehr als 100 ______________ wurden sie übersetzt! Dazu gehören zum Beispiel „Ronja Räubertochter" und „Michel aus Lönneberga". In der Heimatstadt von Astrid gibt es heute einen Erlebnispark mit Schauplätzen aus ihren ______________.

Welt – Stadt – Büchern – Lindgren – Sprachen

WIR ENTDECKEN NORDEUROPA
KOHL VERLAG

Memo-Spiel

Ziel: Die Schüler sollen durch das Memoryspiel ihr Wissen über Nordeuropa vertiefen.

Spielregeln:

Legen Sie alle ausgeschnittenen Karten verdeckt auf den Tisch. Die Schüler drehen abwechselnd zwei Karten um. Wenn die Karten zueinander passen, darf der Schüler das Paar behalten und erneut zwei Karten umdrehen. Das Spiel endet, wenn alle Paare gefunden sind. Der Schüler mit den meisten Paaren gewinnt.

WIR ENTDECKEN NORDEUROPA
... aus der Reihe: Inklusion KONKRET – Bestell-Nr. 13 124
KOHL VERLAG

Memo-Spiel

Memo-Spiel

WIR ENTDECKEN NORDEUROPA
... aus der Reihe: Inklusion KONKRET – Bestell-Nr. 13 124
KOHL VERLAG

Memo-Spiel

Memo-Spiel

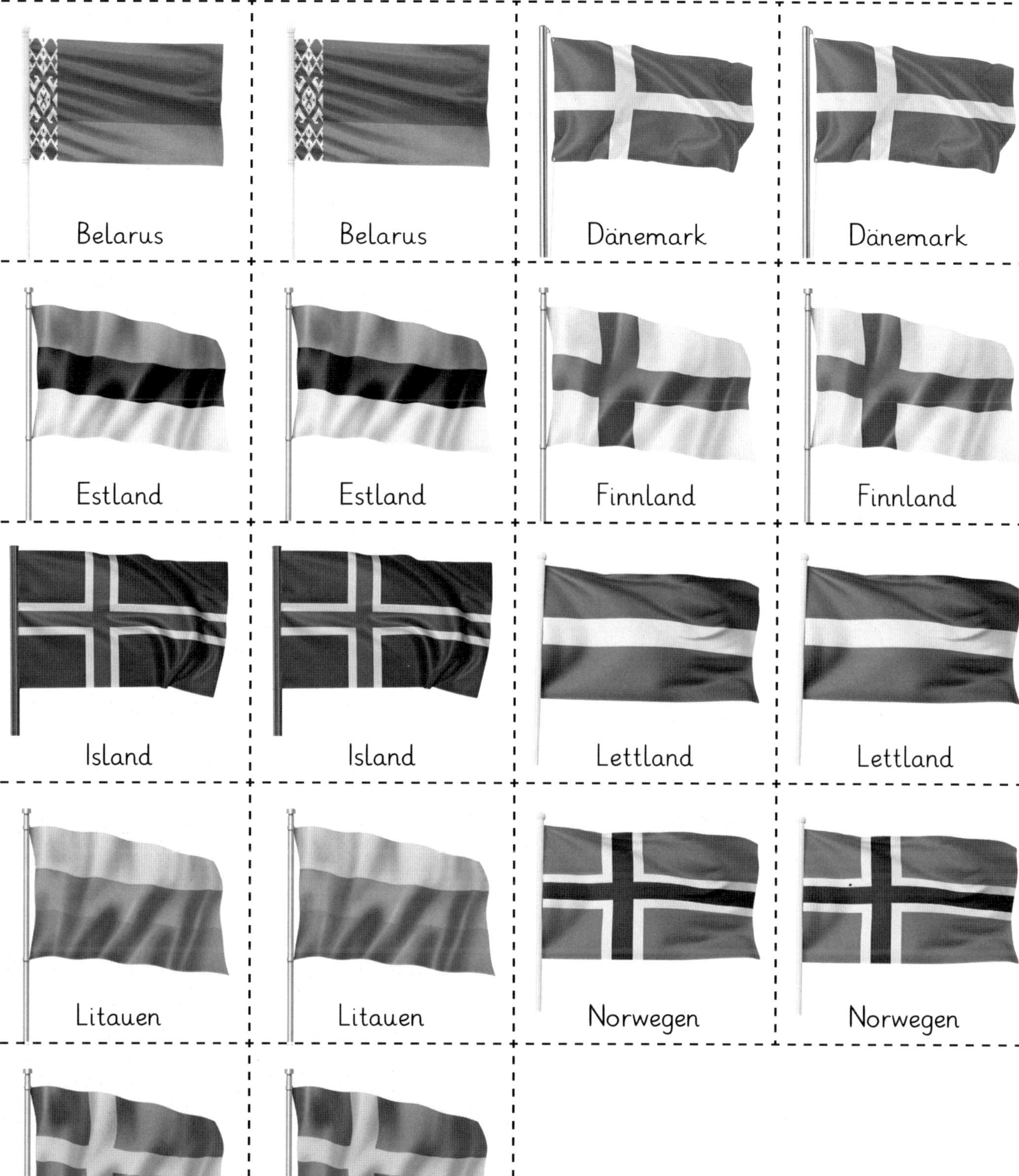

WIR ENTDECKEN NORDEUROPA
... aus der Reihe: Inklusion KONKRET – Bestell-Nr. 13 124
KOHL VERLAG

Memo-Spiel